삶의 여울

시조사랑시인선 04

장금렬 시조집

삶의 여울

열린출판

삶의 여울

1판 1쇄 발행 2020년 3월 20일

지은이 | 장 금 렬
펴낸곳 | 열린출판
등록 | 제 307-2019-14호
주소 | 서울특별시 성북구 솔샘로25길 28, 114동 903호
전화 | 02-6953-0442
팩스 | 02-6455-5795
전자우편 | open2019@daum.net
디자인 | SEED디자인
인쇄 | 삼양프로세스

ⓒ 장금렬, 2020

ISBN 979-11-966435-8-4   03810

*책값은 뒤표지에 표시되어 있습니다.
*저자와 협의하여 인지를 생략합니다.

이 도서의 국립중앙도서관 출판예정도서목록(CIP)은
서지정보유통지원시스템 홈페이지(http://seoji.nl.go.kr)와
국가자료종합목록시스템(http://www.nl.go.kr/kolisnet)에서
이용하실 수 있습니다. (CIP제어번호 : CIP2020009733)

■ 시인의 말

여린 향기를 머금고

　틈틈이 써온 글들을 모아서 『삶의 여울』이란 시조집을 내기까지는 부끄러움과 긴장감 등 만감이 교차하면서도 평소에 위안 삼기 위해 품었던 '미완성이 아름답다'란 말을 생각하면서 도전하는 용기를 가져봅니다.

　데뷔할 때, 시경에 나오는 '사무사思無邪'의 정신을 마음 깊이 새기면서 주옥같은 글은 아니어도 마음을 담아 소담스러운 글을 쓰기 위해 더욱 정진하겠다고 했는데 아직은 더 많이 읽고, 더 많이 사색하고, 더 많은 습작이 필요한 듯싶습니다.

　"시인은 가슴으로 시를 쓰고, 마음으로 시를 읽어야 한다"라고 언급한 최재환님의 글에 공감하면서도 정형의 틀에 맞추어 쓰다 보면 본래의 뜻이 희석되고, 또 매번 읽을 때마다 느낌이 달라져서 고치고 또 고쳐 보건만 만족스럽지 못한 것은 어쩔 수 없는 능력의 한계인 듯합니다. 때론 실망하여 붓대를 꺾고 싶고, 도피성 거리두기도 해보지만, 그래도 글쓰기에 대한 미련을 떨칠 수는 없었나 봅니다.

　그때마다 (사)한국시조협회 노재연 부이사장님과 구충

회 상임부이사장님께서 격려와 조언을 해 주신 덕택에 미약하지만 '삶의 여울'이 여린 향기를 머금고 꽃을 피우게 되었습니다. 두 분께 다시 한번 감사의 말씀 드립니다.

그리고 과찬의 평설을 써 주신 이석규 교수님께 깊은 감사의 말씀을 드립니다.

"종소리를 더 멀리 보내기 위하여 종은 더 아파야 한다." 라는 이문재님의 문구를 생각하면서 더 좋은 울림으로, 소리 너머의 소리를 듣고, 빛 너머의 빛을 볼 수 있도록 더 열심히 창작 활동에 전념하겠습니다.

민족의 얼이 담긴 우리 시조를 정형과 정서가 현대와 잘 어우러지도록 시조의 새로운 지평을 열어가기 위해 더욱 더 정진하겠습니다.

2020년 2월 장금렬

■ 차례

■ 시인의 말: 여린 향기를 머금고__5

제1부 노을꽃

노을꽃__15
인생도 물레처럼__16
바람꽃이 흐른다__17
이순 즈음에__18
되돌릴 수 있다면__19
오뚜기 인생__20
장미의 고뇌__21
수족관 물고기__22
옹고집__23
삶의 여울__24
철 지나 피는 꽃__25
동동주__26
닷새마다 피는 인심__27
풍물굿__29
자연인__30
귀농__31
여명__32
숲길 따라 걷다 보면__33
그믐달__34
흔적__35

제2부 아침 이슬

아침 이슬 __39
다시, 심장이 뛴다 __40
소망 __41
수양버들 __42
동백꽃 순정 __43
홍매화 __44
사색 __45
연꽃의 향기 __46
범나비 __47
원천의 봄 __48
내 마음은 __49
숲속의 교향곡 __50
매혹의 계절 __51
홍옥 __52
가을 잔치 __53
보문사의 가을 __54
더불어 피는 꽃 __55
단풍 숲길 거닐며 __56
사계의 달 __57
상록수 __58

제3부 달빛 젖은 그리움

유년 시절 __ 61
대보름날 __ 62
고향집 __ 63
봄비 __ 64
달빛 젖은 그리움 __ 65
봄이 오는 길목에서 __ 66
벚꽃나무 아래에서 __ 67
양파 __ 68
임 그리며 __ 69
박꽃 __ 70
내 마음의 심연 __ 71
흑백사진 __ 72
기다림 __ 73
감자꽃 순정 __ 74
어머니 __ 75
할미꽃 __ 76
벌초 __ 77
첫눈이 내리면 __ 78
눈물 어린 모정 __ 79
내 가슴에 큰 산 __ 81

제4부 가슴으로 율을 타다

가슴으로 율을 타다__85
시조 쓰기__86
시조 홀로서기__87
가야금__88
민들레 사랑나기__89
꺼지지 않는 불꽃__90
갈대__91
둘이서 함께__92
여름밤의 연가__93
파도의 꿈__94
향일암의 여정__95
바람난 세월__96
수술실 문턱__97
병상 일기 __98
회한의 눈물 __99
소프트 테니스 1__100
소프트테니스 2__101
소프트테니스 3__102
소프트테니스 4__103
소프트테니스 5__104

제5부 독도는 외롭지 않아

무궁화__107
우리 하나 되어__108
깨어나라 목공이여__109
야명조__110
호국영령__112
피맺힌 절규__113
천상의 소야곡__114
애타는 민초__115
문무왕릉__116
재해__118
노을진 까치골__119
도회지 비둘기__120
수정고드름__121
연평도 꽃게잡이__122
자선냄비__123
피뢰침__124
천둥 번개__125
등나무__126
담쟁이의 꿈__127
독도는 외롭지 않아__128

평설: 완숙을 지향하는 서정과 깨달음의 여정__129

제1부 노을꽃

인생사 묻지 않아도
한 폭의 수묵화다

노을꽃

한세상 해야 할 일 신바람이 일어나면
연극이 막 내려도 진한 여운 남듯이
한 숨결
하는 일마다
꽃바람이 불어온다.

무성한 수목들이 노을빛에 젖어 드니
선홍빛 낙엽 위에 갈색 사랑 깁는구나
인생사
묻지 않아도
한 폭의 수묵화다.

노을빛 옅어지면 별꽃이 피어나고
꽃향기 그윽하게 어둠까지 적시는데
무심한
세월의 강은
달빛 품고 흐른다.

인생도 물레처럼

호젓한 물방앗간 처마 위에 달이 뜨면
메밀꽃 후덕한 인심 별빛마냥 쌓이는데,
삐그덕
아픔마저 감춘 채
멈출 줄 모르네.

물레가 돌아간다, 달빛 싣고 별빛 담아
가슴마다 쏟아지는 절규 소리 뒤로한 채
오늘도
비우고 또 비운다,
소박한 연정 품고

쉼 없이 돌아간다, 고된 삶의 무게만큼
비우면 채워지고 천심은 덤이로다
쿵더쿵
돌고 도는 것이
우리네 인생이야.

바람꽃이 흐른다

산마루 하늘 턱에
서성이는 저 구름아

주저 말고 쉬어가자, 바람꽃도 사위는데

꽃그늘
머문 자리에
파란도 잠들리라.

서리꽃 앉은 자리
달빛 연서戀書 쌓여가고

뒤안길 흔적마다 묵향墨香이 스몄구나

인생도
놀빛 향기 속에
연시처럼 익어가리.

이순耳順 즈음에

개울가 물안개가 징검다리 품은 밤
흐르는 소리마저 적막 속에 잠들고
버들잎
가녀린 눈썹마다
눈물방울 맺히네.

흰구름 오락가락 앞서거니 뒤서거니
판도라의 실상이 허물 지듯 벗겨지네
인생은
고륜지해苦輪之海*의
소沼이고 여울이다.

이순耳順의 만감을 여울물에 비춰보고
춤추는 물결 따라 사진첩을 펼쳐보면
여름밤
꼬리별 즉적이
지난 세월 흔적이네.

*〔불교〕고뇌가 끊임없이 닥치는 인간 세계

되돌릴 수 있다면

종종걸음 멈추고
돌아보니 섣달그믐

제 홀로 왔다 가는
시계추야 멈춰다오

지난날
걸어온 길을
되돌아 걷고 싶다.

오뚜기 인생

쓰나미 머문 자리
봄기운 솟는 소리

난지도 쉰 땅에도
봄바람이 화기和氣롭다

내 가슴
얼어붙은 뜨락에
인동초를 심어보자.

장미의 고뇌

바알간 속알머리
매혹魅惑의 뒤태에는

구구절절 사연들이 가시맺혀 서리네,

꽃망울
산고통으로
봉긋하게 영글고

여왕 같은 도도함도
찬바람에 흔들리고

고혹蠱惑한 자태마저 무서리에 일그러져

목마른
가지가지마다
꽃빛 체온 지운다.

수족관 물고기

화려한 유리 왕국 늘 푸른 협곡에
가도 가도 끝이 없고 멈춰보면 제자리네,
욕망은
방울꽃으로
피었다가 져버리고

투명한 해저 세계 낙원인 듯 삭막하다.
밤낮없이 먹어대도 허기진 걸 어쩌나
물거품
폭죽을 쏘아대도
메아리만 공허하다.

오욕에 젖은 생애 염마청閻魔廳*이 코앞인데
단말마의 비명마저 유리 벽에 갇히고
가냘픈
소리 사락난
넋전되어 너풀대네.

*[불교] 생전에 지은 망자의 죄상을 문초하는 염라국의 법정.

옹고집

사유의 진폭은
나이테만큼 촘촘하고

사방에 벽을 쌓고
목소리만 커져가나

화살은
거센 외풍에
과녁을 비껴간다.

삶의 여울

노을진 개울가에 절은 얼굴 씻어내며
굽힌 허리 펼쳐 드니 달빛마저 이울고
여울목
소용돌이에
세월까지 쓸려간다.

다 해진 밀짚모자 눌러 쓴 허수아비
남루를 걸쳐 입고 허영허영 서성인다,
허기진
바지춤 졸라매고
빈 하늘만 쳐다보며

어느새 귀밑머리 서릿발이 성성하고
어깨를 짓누르는 농기구의 무게에
귀갓길
발걸음이 무겁다,
식솔들을 생각하니

철 지나 피는 꽃

새벽별 꼬리 물고 여명이 다가서면
알람의 기상나팔 단잠을 일깨우고
고단한 시계추 소리 또 하루를 재촉하네.

뼈마디 들쑤심도 삽질로 외면하고
허기진 품삯의 목마름을 의식하니
탁배기 곁두리 한 잔도 버거움이 느껴지네.

못 먹고 못 가르쳐 속상한 가슴앓이
남몰래 한숨 쉬다 숯덩이가 되었네
어쩌나, 투박한 말투 원망 소리 아려온다.

주름진 세월을 펼쳐 봐도 찰나인걸
못다 핀 꽃 한 송이 철 지나 피어나랴
이승에 피지 못한 꽃 북망산에선 피어나길….

동동주

가마솥 입김 따라 들끓는 비명소리
땡볕으로 어루만져 누룩으로 어우르니
오지독
속앓이 한풀이가
세월 속에 삭혀지네.

노을진 오지독에 감칠맛이 술렁이면
허기진 동네 사람 하나둘 모여들어
대폿잔
비운 자리에
무용담이 돌고 도네.

검붉은 주름골에 단풍이 붉어지면
응어리진 한풀이가 실꾸리 풀리듯이
사발에
녹아내리고
육자배기 몸살 앓네.

닷새마다 피는 인심

먼동 앞서 장꾼들이 좌판을 깔고 있다
노숙한 칼바람 모닥불에 밀려나고
설친 잠 허기진 뱃골 컵라면이 반긴다.

숨 가쁜 털털버스 가슴을 풀어헤치면
풀꽃 같은 사투리 향기로운 사람 냄새
안개 낀 장터 마당에 시끌벅적 장이 선다.

괴나리 이고 지고 값진 건 없다지만
자식처럼 키운 곡물 무게만큼 정겨웁다,
아낙네 함박지에서 봄바람이 일어나고

각설이 육자배기 춤사위로 흥이 일고
풍물들이 난장을 어지럽게 들썩이면
만물상 시골장터에 흥정으로 인심 난다.

주막집 가마솥이 오포午砲를 울리면
국밥에 대포 한 잔 근심걱정 잠재우고

봄볕에 나른히 취해 눈꺼풀이 풀린다.

황혼이 서산마루에 걸터앉아 흥얼대면
뱃살 빠진 장보따리 자반을 꿰어차고
소박한 세상 속으로 발걸음을 옮긴다.

풍물굿

빙글빙글 도는 세상 열두 발 상모 쓰고
꽹과리 장구치고 날라리를 불어보자
골머리
아픈 사연은
논두렁에 버리세.

허기진 살림살이 탁배기로 채우고
굿거리로 장단 맞춰 휘모리로 몰아가서
덩더꿍
어깨춤 추며
신명 나게 놀아보세.

골 깊은 밭두렁에 뼈 묻을 사람들아
아등바등 살지 말고 상쇠 따라 길을 닦아
한세상
쾌지나칭칭
원 없이 살다 가세.

자연인

속세의 멍에 지고
피눈물에 서리 맺혀

낙향길 초라해도 가슴이 설렌다,

길섶에 풀 한 포기도
천심이 서려 있어

생사의 굴레 속에
판도라의 수수께끼

꿈엔들 보헤미안 속마음을 어찌 알랴

어쩌나, 야성이 도져
혈육마저 끊겠구나.

귀농歸農

한 세월 품은 꿈을 지겟살에 들쳐메고
서투른 손놀림에 낫자루가 춤을 추니
골마다
수다를 떨던
풀꽃들이 슬슬 긴다.

어느 것 하나하나 만만한 것 없어도
아귀 찬 마음으로 일구고픈 텃밭이니
온몸이
어근버근해도
마음만은 깃털이다.

설면한 괭이자루 번들대며 물집 짓고
허기진 꼴망태기 입언저리 노을진다,
에돌아
숭어리진 마음
뱅시레 짐벙지며*

*신명지고 푸지다.

여명

여독을 풀지 못해 별도달도 시들한 밤
미명을 가르고 온 십자가 종소리에
체온이
덥힌 이부자리
아쉬움을 떨쳐낸다.

여명이 흥에 겨워 창문을 두들기면
살가운 손놀림에 밀알이 꿈틀대고
샛바람
지평을 빗질하며
부푼 꿈을 심는다.

한 줌의 아지랑이 엄니품을 닮았구나
검붉은 살갗마다 맑은 햇살 풍금 치니
연초록
잎사귀 쫑긋
여기저기 고개 드네.

숲길 따라 걷다 보면

민낯이 부끄러워
자꾸만 치장터니

찬바람 후비는데 옷가지는 왜 벗을까

붉그락 몽니 부리더니
울화병이 도진 게냐

사각대는 발소리에
깜짝 놀라 멈춰보니

어느새 팔다리에 상고대가 앉아있네

찻잔에 추억 한 줌 얹어
무상 세월 돌아본다.

그믐달

야윈 달 어둠 속에
족적을 흘리면서

외로이 떠돌다가 가뭇없이 묻히더니

내 마음
젖은 뜨락에
소리 없이 앉는다.

초롱한 별꽃 사이
수척한 달그림자

시간은 피고 지고 아쉬움이 웃자라네

인생은
각자도생이지만
바람꽃과 같구나.

흔적

동산에 걸터앉아
숨 고르는 둥근 달

호수에 잠긴 모습 우두커니 바라보니

흰 머리 얼룩진 문양
빛을 잃은 훈장이네.

지나간 발자취를
더듬고 더듬어서

백여덟 개 염주 알 몇 개나 넘쳤는지

명줄에 꿰어보려니
손끝에서 맴도네.

제2부 아침 이슬

*티끌도 옥구슬에 비추니
해맑은 꽃이어라*

아침 이슬

풀잎에 맺혀있는
연초록 이슬방울

영롱한 눈망울이
세상을 품는구나

티끌도
옥구슬에 비추니
해맑은 꽃이어라.

다시, 심장이 뛴다

밤비가 속살대니
여린내기* 젖어 들고

먼동이 피어나니
연두 향이 스멀대고

가슴에
꽃씨 뿌리니
봄살이가 돋아난다.

*여린 박자의 음을 내는 일. 약기(弱起).

소망

영취산* 꽃샘바람
해오름을 부추기고

진달래 온 누리에
불 퍼질러 놓았네

빛바랜
이내 가슴은
언제쯤 꽃이 필까.

*전남 여수시 상암동과 중흥동 일대의 산(매년 진달래 축제)

수양버들

겨우내 얼어붙은
버드나무 실가지

창백한 머릿결을
약비로 감더니만

파르르
물오른 봄처녀
댕기머리 치렁대네.

동백꽃 순정

외딴섬 비탈길에
수줍은 꽃봉오리

바위도 울어대는
갯바람에 기대어

순정은
벌겋게 벌어
노랑 꿈을 품는다.

홍매화

앙상한 실가지에 얼어붙은 응어리
멍울진 가지마다 동살이 뜸뜨더니
잔설이
머문 자리에
젖몸살이 한창이다.

맵싸한 꽃샘바람 간보다가 물러서고
움츠린 꽃망울이 기지개를 펼치더니
춘삼월
여린 가지 끝에
꽃향기를 적신다.

고혹한 꽃 나비의 우아한 추임새
꽃바람 너울 타고 한소끔 흥 일더니
올곧은
가지가지마다
홍보석을 매단다.

사색

별빛에 슬피 울다
잠 못 이룬 귀뚜라미

울음소리 이슬에 맺혀
또르르 구르다가

귓가에
처연히 맴돌다
사념思念 속에 갇히네.

연꽃의 향기

연분홍 고깔 쓴 승무의 춤사위ㄴ가
세사의 티끌 터는 꽃바람의 몸짓인가
꽃대에
별빛 걸어놓고
어둠을 빗질하네.

옥구슬 튕기는 공명共鳴의 선율들이
연잎에 쏟아지면 백팔염주 구르다가
꽃망울
자비의 향기
머금고 피어난다.

늘푸른 연잎 위에 달빛 담아 세안하고
별꽃 띄운 면경수面鏡水에 쌓인 번민 씻어내면
밤마다
그윽한 향기
아픈 멍울 품는다.

범나비

하늘가 양떼구름
쌍무지개 펼쳐놓고

어리마리 목동 따라 별뉘를 흘러내니

범나비 오지랖 넓게
동네 마실 분주하네.

전생에 기녀였나
춤사위로 혼을 빼고

쉬운 듯 까다롭더니 지고지순 순애보殉愛譜

범나비 너울 너울가지*
개화를 재촉하네.

* 남과 잘 사귀는 솜씨《붙임성·포용성 따위》

원천*의 봄

원천의 능수버들 연초록 앳된 얼굴
돌다리 틈 사이에 툭 꺾인 물비늘로
말끔히
머리를 감고
바람결에 빗질하네.

갈대숲 옹알이에 꽃샘바람 옷을 벗고
꽃망울 날개 펴니 벌 나비 바람나네
개나리
노란 춤사위에
원천이 웃는다.

애향의 이십 오리 갈증으로 지친 세월
애기똥 맑은 미소 물길 따라 찾아들면
원천이
눌밍서틴나,
꽃걸음에 취해서

*수원시 영통구 신동에서부터 뻗은 하천

내 마음은

굽이진 내 마음은
고단한 모래성

부서지면 또 쌓고 부서지면 또 쌓는다

갈매기 독한 외로움
날갯짓으로 털고 있다.

금빛 모래 넓은 벌에
햇무리로 내려앉아

한세월 맺혀있는 사연들을 쌓아놓고

알알이 바스러지는
사념들을 줍고 있다.

숲속의 교향곡

숲속에 설법 소리
솔향 따라 반향되고

구불구불 오르내리며
풀어지는 회한들

번민이
단풍잎에 스미어
암향으로 퍼진다.

매혹의 계절

눈 시린 하늘가에 떠도는 새털구름
호숫가에 서성이며 행인들을 낚고 있고
들국화
꽃대궁 흔들며
사근사근 유혹하네.

청량한 물소리 맺힌 가슴 뚫어주고
새들은 쫑알댄다, 지끈머리 말갛게
고운 님
말간 볼우물에
웃음꽃이 피어나네.

석양의 타는 노을 가지마다 입 맞추며
선홍빛 수줍음에 눈시울을 붉히더니
멧부리
마루터기에
둥근 달을 매단다.

홍옥

민낯이 부끄러워
쓰개치마 두르고서

숫총각 냉가슴을 뜨겁게 달구더니

발그레 물든 얼굴 뽐내며
붉은 입술 유혹하네.

햇살이 몸짓으로
열구름 밀쳐내고

살며시 다가서서 바알간 볼 훔치네

눈웃음 뽀오얀 속살에
갈색 사랑 여문다.

가을 잔치

들판엔 이삭마다
사랑이 탱글탱글

감나무 가지에는 가을이 주렁주렁

땀방울 먹고 자란 두렁에
서리태가 알속하네.

알곡에 맺힌 눈물
사리舍利되어 영롱하고

거친 손길 아려와도 쌓인 덕이 향기롭다

세월이 풀벌레 가락 속에
갈색 시어 빚는다.

보문사의 가을

소나무 등걸처럼 옹이 박힌 숱한 세월
굴곡진 골짜기에 서리 까마귀 울어 대네
설움이
사태진 골에
선홍빛이 스스럽다.

찬 이슬 소슬바람 속살을 헤집어도
산사의 목탁 소리 산심마저 붉어지네
산허리
에둘러 감싸 안아
노을까지 품는다.

세사의 모진 풍파 애절한 사연들
잎새에 담아내어 바람결에 날린다
생초목
삼천 배 공양에
마애석불 미소짓네.

더불어 피는 꽃

동살이 치뜨고 샛바람 헤살대니
손가락 마디마디 에인 사랑 움이 돋네
산고도 성장의 진통 생명의 불씨여라.

더불어 춤추는 인고의 미학이여
소담한 한 송이 꽃 절로 피지 않는구나
그리움 촉매제 되어 가슴깊이 피어난다.

그윽한 꽃향기 온 누리에 내려앉아
소국 대국 대강이를 꼿꼿이 세우고
벌 나비 만추 향연을 더불어 나눈다.

촉촉한 바람 한 줌 절절한 햇볕 한 줌
가슴에 쌓여가니 지지 않는 꽃이어라
꽃향기 계절을 잊고 불립문자 새긴다.

단풍 숲길 거닐며

칠삭둥이 상현달 숲길 따라 오더니만
수줍어 손사랜가 노여워 핏빛인가
무서리
핥고 간 자리
붉은 마음 더 붉더라.

아롱진 사연들이 별이 되고 달이 되어
선홍빛 물감을 뚜욱 뚝 떨구던 날
수줍어
떨군 붉은 마음
책갈피로 내게 온다.

무수한 사연들이 갈바람에 스러지니
번민이 머문 자리 들국화로 피어나고
노오란
향기에 취해
벌거숭이 되었네.

사계의 달

창백한 달무리 화색和色이 감돌고
처마 밑 주인도 강남 갔다 돌아오니
가슴에 움이 돋는다, 청량한 달빛 젖어

달빛에 물든 하늘 별꽃들이 옹알대고
군눈 팔다 추락하는 꼬리별을 목도하며
열대야 괴담에 젖어 등골이 서늘하다.

둥근 달 높게 치떠 갈바람 재촉하고
짓궂은 무서리에 달빛 익은 황국화
노오란 향기에 취해 하얀 밤을 지샌다.

문풍지 신음소리에 얼어붙은 달그림자
잔설에 떨고 있는 인동초를 품어 안고
별빛이 불씨가 되어 녹여줄 날 기다린다.

상록수

가지마다 푸른 별을
훈장처럼 매달고서

눈보라 다그쳐도
숙명인 듯 견뎌내고

별빛은
시류에 피고 져도
늘 푸른 맘 영원하리.

제3부 달빛 젖은 그리움

확돌에 담긴 모정은
식을 줄을 모르고

유년 시절

실개천 가로질러
바가지로 꿈 나르던

까까머리 고집불통 혹자或者는 베잠방이라

흙탕물 뒤범벅여도
꿈을 꺾진 못했어라.

앙팡진 이맛살에
거무레한 볼따구니

큰 별을 움큼 따서 훈장처럼 달고 싶어

천진한 곱슬머리 머스마
하늘 끝을 달린다.

대보름날

허기진 깡통마다
소망을 지펴놓고

별똥별 가득 담아
어둠을 불사르며

그을린
속눈썹 사이로
푸른 별을 빚는다.

고향집

감나무 가지마다
별꽃들이 주렁주렁

담쟁인 돌담 위로
넘내리며 소곤소곤

언덕 위
푸른 종소리
문지방을 넘나든다.

봄비

방울방울 옥구슬이
해님을 품는구나

오욕五慾*을 씻어내고
목마름을 해소解消터니

알속한
가지가지마다
푸른 꿈이 돋아나네.

* 불교에서 사람의 다섯 가지 욕심. 곧 재물욕·색욕·식욕·명예욕·수면욕(睡眠慾).

달빛 젖은 그리움

봄바람 써레질에 제비꽃 고개 들고
별초롱 음계 사이 오가는 두견새
애절한 달빛에 젖어 환영幻影을 쪼고 있다.

앞산에 두견화가 가슴에 불 지피면
유년의 시린 가슴 빗장을 열어두고
달무리 뿌연 사연을 풀어헤쳐 더듬는다.

흑백의 자화상이 서리맞은 나를 본다
비껴간 세월만큼 물상들이 낯설어도
서러운 그 옛것들이 그리움을 태운다.

시공을 넘나드는 허기진 바람꽃이
툇마루 내려앉아 젖은 달빛 닦는다,
확돌에 담긴 모정母情은 식을 줄을 모르고

봄이 오는 길목에서

달구지 돌며 돌며
투덜대는 오지 마을

구름도 얼려 잡은 산마루 돌 틈에서

돌돌돌 새봄의 숨소리
귓전을 울린다.

산허리 돌고 돌아
주름진 바윗골에

골바람 골부림에 가지 끝 쓰라려도

산수유 노오란 눈짓
지나칠 수 있으랴.

벚꽃나무 아래에서

꽃잎이 아니더라,
눈 씻고 다시 보니

속세의 탈을 벗은
비늘 같은 옷가지야

하이얀
선녀들의 춤사위
넋을 잃고 바라보네.

양파

껍질을 벗기고
벗겨 봐도 한이 없고

알싸한 속마음은 내 마음의 비망록

나 홀로
훔쳐낸 마음
나보기가 부끄러워

한 꺼풀 두 꺼풀
벗겨 봐도 뽀얀 여심

눈감으면 감을수록 타오르는 불기둥

사랑은
종잡을 수 없어라
야릇한 속앓인가

임 그리며

달빛이 참 이슬에
흠뻑 젖어 맺히더니

풀벌레 협주곡에
별빛눈물 떨구네,

견우성
오작교에서
애끓이다 잠 못 들고

박꽃

그리움 줄기 타고 지붕 위에 걸터앉아
타는 놀에 가슴 죄며 달님을 기다리네,
열구름
그림자에도
임이려나 반색하며

둥근 달 그리워서 덩굴손 내밀어도
설렘이 설익었나 간절함이 부족했나
꿈에도
닿을 듯 말 듯
애간장만 태우네.

하얗게 지새운 밤 손꼽아 몇 날인가
별빛 타고 애절한 사연이 전해졌나
내 마음
하이얀 별 되어
그대 얼굴 바라보네.

내 마음의 심연

잔잔한 해수면에 돌개바람 들이치면
침잠하던 해초들이 이끼를 털어내고
파도는
제풀에 겨워
사념邪念들로 들끓는다.

물결은 바람결에 너울 타고 울먹이고
내 마음 날 선 파도 갯바위만 탓하다가
물안개
밀물져오면
등댓불이 스러진다.

이골난 모진 바람 운명처럼 다가서면
못다 한 그리움이 방울져서 맴돌다가
자갈밭
어느 틈새에
석탑처럼 쌓인다.

흑백사진

놀 빛에 젖은 가슴
억새로 누웠다가

풀벌레 속삭임에 만월이 기척하면

닫힌 맘 빗장을 열고
빈 가슴을 채운다.

허기진 시계추가
책갈피에 주저앉아

지난 세월 돌아보다 지그시 눈을 감고

머물 듯 침묵의 강은
그리움을 틔운다.

기다림

장터 같은 내동마을
빈집들이 여기저기

개구쟁이 노랫소리 도회로 떠나가고

육송陸松만 등허리 휜 채
동그마니 서 있네.

찾는 이 뜨음해도
정자나무 손님맞이,

지팡이로 가늠하고 세월에 저항하며

동구 밖
꺽진* 장승도
애태우며 서 있네.

* 억세고 꿋꿋하며 용감하다.

감자꽃 순정

연보라 댕기머리 수줍은 듯 입에 물고
"당신을 따를게요," 꽃가마가 아니라도
지아빈
앵돌아 서서
사팔뜨기 되었네.

척박한 터전 위에 목마름도 감수하며
아픔도 일상인 듯 제 향기도 잊은 채
은근한
보랏빛 향기
바람결에 흩날리네.

살토실 간절함에 꽃단장도 잊은 듯
꺾여야만 사는 것을 운명으로 여기고
상처도
알속한 훈장인 양
주렁주렁 품어 안네.

어머니

허기진 세간살이
온종일 이고 지고

봉선화 고운 손 거북손이 되었네,

혈육이 눈에 밟히어
눈물마저 마른 채

고단한 육신은
멍울마저 품어 안고

타다가 사위어도 바알간 숯불되어

영원히 이내 가슴에
온기로 남아있네.

할미꽃

언덕 위 함초롬히 누워 잠든 무덤에서
명주실 솜털 옷을 정성스레 빗질하고
애달픈
파란중첩을
업보로 쌓는구나.

굴곡진 삶터에서 허리 한 번 펴지 못하고
혈육이 그리워서 전설을 곱씹더니
이승을
떠나지 못해
망부화가 되었구나.

구름도 쉬어 넘는 첩첩 산골 보릿고개
양지바른 꽃밭에서 쉬어나 봤겠는가
눈감고
피안의 해탈
꿈꾸는 듯 미소 짓네.

벌초

세월이 도는 소리 이골저골 요란하다
푸른 볕에 이는 바람 구슬땀 한 잎 물고
봉긋이
시린 가슴을
회억하며 빗질한다.

빛바랜 발자취들 잔디에 비벼대면
얘기꽃 향수에 젖어 흩날리며 쌓여가고
터널 속
녹슨 기적 소리
들리는 듯 아련하다.

서러운 참매미 떼 시간을 을러대면
정오의 뙤약볕이 잔주름에 흐른다,
서리꽃
내려앉은 자리
기인 여운 남기고

첫눈이 내리면

내 마음 시리도록
첫눈이 내리네,

잡다한 생각마저 하얗게 지우면서

시간을 되새김질하며
새록새록 내린다.

유년의 눈꽃송이
어둠을 빗질하네,

가슴에 서려 있는 추억을 덧칠하며

해맑은 벗들 얼굴이
함박꽃으로 내린다.

눈물 어린 모정

피어린 몸서리에 잠 못 드는 밤이면
하늘가 북두성에 정화수를 가득 붓고
밤마다
아들바래기
뜬눈으로 지새운다.

요천수 섣달그믐 별빛마저 스러진 밤
소금불 지피고 이울도록 염송念誦하며
소금향
주술에 실어
혼불로 씻기운다.

의식이 끝나고 가던 길로 되왔건만
어머닌 별이 되어 긴 여운만 남기시고
서늘한
무명 치맛자락
교룡산성* 성벽이었네.

* 전라북도 기념물 제9호, 교룡산성(蛟龍山城) 설인귀성(薛仁貴城): 남원시 산곡동 교룡산(518m)에 있는 교룡산성은 백제가 신라의 침입을 막기 위해 축조한 것으로 추정되고 있다. 돌로 쌓은 이 산성은 총 둘레가 3,120m이다.

내 가슴에 큰 산

생애 첫 품팔이로 황금봉투 손에 쥐니
가슴 벅찬 번민 속에 옷가게를 살 기세다
어머님
시린 가슴 덥히려
꽃털옷을 챙긴다.

포장지 닳도록 애만 태운 완행열차
개선문 활짝 열고 전리품을 선사하니
어머님
주름진 눈가에
사랑초가 피어난다.

삼남매 등허리에 이고 진 천하장사
옹이진 손마디가 꽃털옷에 숨으신다
"딱 맞네"
걷어붙인 소매
눈시울이 아리다.

제4부 가슴으로 율을 타다

*절절히 곰삭은 가락에
천년 학이 비상한다*

가슴으로 율을 타다
   -국회의사당에서 개최한 시조 낭송대회에서

해 질 녘 노을 폭을
한 자락 베어내어

해어진 가슴팍을 한 땀 한 땀 꿰매고

어울려 다듬질하듯
장단 맞춰 율 고른다.

달빛이 지고 나면
별빛이 율을 타고

음률은 넘실대며 세월까지 담아오네

절절히 곰삭은 가락에
천년 학이 오른다.

시조 쓰기

눈앞에 잠을 자는
자모를 긁어모아

흰머리 쥐어짜서
낯선 옷 입혀 보니

달빛이
스민 자리에
별이 되어 빛나네.

시조 홀로서기

허기진 낮달의 때 이른 나들길에
흰 구름 송홧가루 흩날려 분칠해도
제 홀로
깨치기 위해
이골저골 떠돈다.

뚝배기 된장국이 미각을 자극하듯
고유한 민족 향기 정형에 담아내며
태곳적
세월의 강은
정 그리며 흐른다.

편백의 속마음이 골짝골짝 스미듯이
상큼한 향 내음이 어질머리 씻어내고
곰삭은
천년의 정서
온 누리를 적신다.

가야금

열두 줄 농현*마다
달빛이 젖어 들고

소쩍새 호젓하게 성률聲律을 타고 있다

둥기 둥 고혹한 소리
춤추는 이별간가

가냘픈 선율마다
절절한 사연들이

열두 폭 치맛자락 춤사위에 너풀댄다

우륵의 손가락 마디마디
애잔함이 아리다.

*국악에서 현악을 연주할 때, 왼손으로 줄을 짚고 흔들어서
 여러 가지 꾸밈음을 내는 기법.

민들레 사랑나기

설한풍 담금질에 앙다문 시린 마음
돌 틈에 얼기설기 심지를 굳게 묻고
잔설을
헤집어 내고
영춘迎春사랑 달군다.

갈기진 잎사귀에 해묵은 갈등 지고
동풍이 건듯 불면 훌훌 털고 일어나서
사무친
가슴앓이를
빗질하며 추스린다.

그리움 사무쳐서 두견화가 봉긋하면
무감서기* 신바람에 드레스 날개 달고
온 누리
밤낮으로 누비며
사랑 씨앗 뿌리리.

*무감서기: 신명풀이의 적절한 발현체

꺼지지 않는 불꽃

동해에 여명이 선잠을 일깨우고
윤슬이 번뜩이며 햇무리로 수놓더니
색색이
감춰온 침선으로
또 하루를 꿰맨다.

어둠을 불사르며 작열하던 그 기품
상서祥瑞로운 그 기운 온 누리에 스미고
날마다
슬거운 미소
생명의 불 지핀다.

노을빛 젖어 드는 마지막 순간까지
잎새의 떨림마저 가슴으로 품는다,
식을 줄
모르는 열정으로
내일을 기약하며

갈대

빗나간 사유들이 갯벌을 서성이다
여린 몸 맞잡은 손 모질게 흔들어도
된서리
칼바람에 맞서
찢긴 갈기 깁는다.

설면한 몸짓으로 깃대 꽂고 흔들다가
뒤엉킨 실타래를 풀어헤쳐 율을 타네
약한 듯
유연한 춤사위
역설의 몸짓이다.

샛바람 봄처녀 무등 태워 온다기에
달빛으로 세안하고 별빛으로 치장하고
안개꽃
연한 향기로
그리움을 태운다.

둘이서 함께
- 딸 결혼 축시

길가에 나뒹구는 가냘픈 들국화
파란을 견뎌내고 나누며 피어난다
둘이서 하나가 되면 무엇이 두려우랴.

둘이서 한 숨결로 어둠을 불사르면
청아한 달빛되어 어둠을 밝히리라
행복은 사랑 꽃으로 영원토록 필지어라.

부부의 연줄로 다독이며 포옹하며
둘이서 사랑의 꽃밭을 일구어라
고귀한 새 생명으로 웃음꽃이 피리라.

사랑의 불꽃이 활활활 타오르면
그 온기 향내음에 벌 나비가 춤추리라
사랑은 행복의 불쏘시개 싱그러운 봄볕이다.

여름밤의 연가

청잣빛 조롱박에
학들이 비상하며

오롱조롱 애달픈 사연들을 전하네,

초승달 지그시 눈 감으면
반딧불이 화답하고

덩굴손 줄기마다
요염한 여신들이

룸바춤을 추면서 간질이듯 속살댄다,

풀벌레 합주소리에
여름밤은 깊어가고

파도의 꿈

어둠이 짙어지면 조명이 켜지면서
검푸른 무도장에 해조음이 너울대고
나는 듯 미끄러지며 댄서들이 등장한다.

격렬한 춤사위가 밀려왔다 스러지고
숨 가쁘게 돌고 도는 자이브에 요동친다
수줍은 해초들마저 룸바춤을 추고 있다.

화려한 드레스에 날개 돋친 춤사위
물거품이 될지언정 밤새도록 춤을 춘다,
우아한 파소도블레* 역동적인 율동으로

갯바위 진고鎭鼓소리 모래알의 여린내기
불멸의 왈츠곡에 쌍쌍이 날고 있고
윤슬이 팔딱거리며 여명을 두드린다.

*용맹하고 유쾌한 투우를 묘사한 춤

향일암의 여정

망망한 바위섬에 산사의 범종 소리
어둠의 옷자락을 한 꺼풀씩 벗겨내면
내 마음
섬 사이에서
안개꽃이 피어난다.

파도가 밀어들을 훑태질로 훑어내고
청청한 풍경 소리 잡념을 씻어내면
돌부처
가부좌 튼 자리
불심이 일렁인다.

여명이 바윗길 티끌조차 씻어내고
촉촉이 젖은 속맘 독경 소리 불 지피며
향일암
승가람마*에서
젖은 갈증 빗질한다.

* 〔불〕승려가 살면서 불도를 닦는 집.

바람난 세월

숲길을 걷다 보니
취기 어린 나무들이

바람결에 빗질하니 대머리가 되었네

시간은 시계추에 매달려
멈춰 서지 않는구나.

철새는 교향악에
춤추는 발레리나

옛 시절 그리워서 도돌이표 찾고 있나

바스락 뒹구는 청춘
돌아보면 벌거숭이라.

수술실 문턱

초조한 유리문이 드르륵 열리면
파리한 얼굴에는 엷은 미소 흐르지만
눈가엔
풀잎 이슬처럼
방울방울 맺힌다.

"힘내요" 외침소리 귓가에 맴돌고
입술은 파르라니 맥없이 끄덕이네
생과 사
윤회를 외치며
수레바퀴 구른다.

초침은 북을 치며 판결을 재촉하니
짓눌린 분침은 더디게만 흐르고
뇌리는
상상의 바다에
난파되어 떠돈다.

병상 일기

두견화 꽃바람에
벌 나비 넘나들고

두견새 사랑가에
만월이 중천인데

고운 님
시름한 얼굴에도
곧 박꽃이 피겠지.

회한의 눈물

강물은 어둠 딛고 유유히 흐르건만
이승의 안개 속엔 적요만이 감도네
피맺힌
사모곡思慕哭 소리만
향불 따라 흐른다.

상 위엔 넋을 잃은 생선들이 주저앉아
조문객 호상好喪 소리 이골난 듯 귀를 닫고
화환은
지팡이 짚고
애처로이 서 있다.

상주는 부판 매고 시린 가슴 조아리며
넘치는 불효막심 가시 돋쳐 아려오네
향불 속
미소 짓는 어머닌
젖은 가슴 품는다.

소프트 테니스 1
- 수련

도장은 돌탑이라,
사단四端*의 덕을 쌓는

더불어 흘린 땀이 산삼에 비길 손가

비움은 샘물이 되어
갈증을 씻으리라.

승부의 집착은
인의仁義를 해치고

베풂은 덕을 쌓고 화합을 낳는다

이것이 지상의 무념무상
행복이 아니더냐.

*유학에서, 사람이 마땅히 갖추어야 할 네 가지 도리. 인의예지(仁義禮智) 곧 어질고, 의롭고, 예의 바르고, 지혜로움.

소프트테니스 2
- 품격

얄미운 님의 눈짓
내 가슴 옹알이고

배려의 파트너십
행복의 이심전심

승패가 그리 중하더냐,
최선이면 그만이지

소프트테니스 3
-더불어 춤추는 백구白球

으이싸! 기합소리 지축을 흔들고
일구일구→球→球 꿈을 실어 지략을 펼친다
세상사
허기진 욕망을
불사르듯 태운다.

적절한 힘 배합 맥을 짚는 기 싸움
입사각 뒤틀림에 변화무쌍 춤을 춘다
눈빛엔
불꽃이 일고
청춘이 꿈틀댄다.

유연한 몸놀림에 광풍이 일어나고
세사의 상흔마저 땀방울로 씻겨가면
언제나
승부의 끝자락엔
인연꽃이 피어난다.

소프트테니스 4
   - 영원한 승부사

팡팡팡 탄성을 이기지 못하고
의기의 백의전사 바람을 가르네
유연한 승부사의 기질 숨길 수는 없어라.

네트를 근간으로 고도를 조절하고
경계를 넘나들며 토해내는 저 함성
튕기는 파랑새 노래 선율되어 안긴다.

구릿빛 실근육 허무의 벽을 넘어
다시 끓는 청춘을 채근하며 부채질한다
멍울진 번뇌 떨치고 바람 없이 좋아라.

창백한 울림으로 날아간 파랑새
마음의 장벽을 넘고 넘어 다시 찾아
내 가슴 허기진 둥지에서 희망가를 노래한다.

소프트테니스 5
- 행복의 날개

가슴 속 응어리 일구일구 토해내고
천형 같은 고뇌를 땀방울로 녹이면서
따다당
장단 맞춰서
탭댄스를 추어보자.

뜬구름 바람 따라 눈물로 다진 삶도
쨍하고 볕들 날이 남의 일 아니란다,
아픔이
머문 자리엔
사랑이 꽃피듯이

얼기설기 맺힌 사연 천금 같은 땀방울로
초롱한 눈망울 티끌조차 씻어내면
흰 구름
시린 하늘가에
수묵화로 피어난다.

제5부 독도는 외롭지 않아

반만년 무궁화 터전
만세토록 호령하리

무궁화無窮花

음양陰陽을 아우르니
태극혼이 꿈틀댄다

순백의 오방五方치마
화심은 불이 붙고

그 생명
무궁하여라,
피고 지고 또 피고….

우리 하나 되어

정적이 똬리 트는 철의 장막 DMZ
서릿발 선 냉가슴에 해와 달이 기우는데
속 끓인 혈육의 정에 우짖는 날 몇 해던가.

철조망 허문 소리 꽃바람에 장단 맞춰
더덩실 춤이라도 우리 함께 춰 봤으면
철새도 이산의 아픔을 삼키면서 떠나간다.

혼탁한 동토에도 개화의 훈풍일면
대륙의 실크로드 대업은 꿈이려나
가슴길 활짝 열어놓고 얼굴을 맞대보자.

못다 핀 병사의 넋 상사화로 환생하니
담홍색 산하에 꽃바람이 불어 오네
점철된 꽃향기에 취해 우리 함께 노래하자.

깨어나라 목공이여
- 國泰民安을 꿈꾸며

동강난 금강송 피 울음에 젖어 있다
시를 읊듯 온몸으로 아린 가슴 포옹하라
가풀막 나무들 아우성 들리는가, 목공아

나무의 속살이 아픔으로 느껴지고
예리한 손끝이 경전經典처럼 읽혀지니
명인은 고독을 견디는 한 그루 나무여라.

무딘 칼로 묵언수행 덧난 상처 다독이며
야성을 잃지 않은 맹호를 잉태하라,
온전히 대륙을 포효하는 혼불을 지피고

한세월 갈고닦아 숙성한 저녁노을
설렘에 가슴 죄는 생명의 구도자여
천만세 부끄럽지 않는 무궁화로 필지어라.

야명조 夜鳴鳥

카투만두* 작은 왕국 땅거미 밀려오면
서릿발 칼날마다 전설이 살아오고
할단새* 피눈물 소리 설한풍에 떨고 있다.

바람조차 얼어붙어 가루가루 흩날리며
깃털에 파고들면 온몸은 오그랑쪽박
애끓는 신음 소리가 골짝마다 애절하다.

기필코 날이 새면 둥지를 틀겠다고
한 맺힌 다짐을 가슴에 새겼건만
심장이 얼어 터질 듯한 그 맹세 어쩌나.

여명이 눈을 뜨면 보금자리 녹아지고
꿈인가 생시인가 분별없이 노닐다가
밤마다 변죽 울리며 서리서리 울어댄다.

* 네팔의 수도 가장 큰 상업도시. 에베르트 해발 1,324m 고지. 1596년에 라자 라치미나 싱이 한 그루의 나무로 지었다는 목조사원에서 유래.('카트'는 나무, '만디르' 는 사원 또는 건축물이라는 뜻)
* 히말라야 산맥의 전설의 새. 망각의 새.

호국영령

못다 핀 영령들이
피멍울로 맺혔다가

삼천 리 이 강산에
꽃망울로 피어나리

녹이 슨
철책을 삭히며
상흔마저 꽃이어라.

피맺힌 절규
- 강화도 통일전망대에서 -

예성강 예나제나 굽이돌아 흐르는데
철책은 천륜마저 외면하고 서 있구나
고깃배
가슴앓이에
정적만이 감돈다.

피맺힌 서해바다 소리 없는 절규소리
실향민 피눈물이 포구砲口 속에 얼어붙어
망향정
제단에서나마
목메어 불러 본다.

역사의 굽이마다 상흔이 서려 있는
오백 년 느티나무 넋을 잃고 서 있구나
오늘도
물안개비가
혜안慧眼을 가리운다.

천상의 소야곡

하늘길 먹구름
한 맺힌 절규 소리

무슨 사연 얽혀 있어
저리도 울부짖나

맺힌 한
풀릴 때까지
속 시원히 울어라.

애타는 민초

칼바람
언 들판에
서성이는 야생초야

아리랑
고개 너머
정든 님 그리면서

갈대로
세월 낚으며
꽃가마는 타겠는가.

문무왕릉

난바다 든바다
기 싸움이 격렬하다.

심드렁한 해조음에 주름진 대왕암

천 년 향 서리서리 맺혀
해무에 젖어 운다.

휫바람 너울 타고
휘몰아 감아 도니

백구白鷗의 날갯짓 버거워 눈물짓네

호국혼 대왕이시여
만파식적萬波息笛* 불어주오.

* 〔악〕 신라 때의 전설상의 피리. 신라 문무왕이 죽어서 된 해룡(海龍)과 김유신이 죽어서 된 천신(天神)이 합심하여 용을 시켜서 보낸 대나무로 만들었다고 함《이 피리를 불면 적병이 물러가고 병이 낫는 등 나라가 평안해졌다고 함》.

재해

북서풍 미세 먼지
산천을 뒤덮어도

기상예보 전파 타고
영혼 없이 떠도는데

이 땅에
위정자들은
주판알만 튕길 텐가.

노을진 까치골
  - 넙도 청년회

너나들이 살아가는
까치고을 사람들

애옥살이 군것져도 인심만은 알부자다

청년회 꼬두람 나이
환갑진갑 넘었다네.

손주놈 찾아오면
쌈짓돈 다 털려도

핏줄이 당기는 걸 무언들 아까울까

여보게, 저승길 노잣돈은
그래도 챙겨야지.

도회지 비둘기

이른 아침 안개 낀
우리 집 앞뜰에는

자동차 방귀 소리 요란하게 뀌어대도

한 마리 외발 비둘기
먹잇감에 혼을 판다.

먹이에 걸신들려
아픔마저 잊은 듯

발목 하나 살라 먹고 두리번 뒤뚱뒤뚱

섬뜩한 느낌의 전율
내 가슴이 시리다.

수정고드름

칼바람 진저리친 욕망의 끝자락에
거꾸로 비틀거린 세태를 바라본다.
말갛고
올곧은 세상
간절히 염원하며

냉혹한 얼음공주 떨고 있는 매듭달
애처로이 서성이다 변죽만 울리는데
애타는
우렁잇속 마음
그 누가 녹여주나.

번뜩이는 서슬 바람 외날을 곤추 갈아
볕살에 입 맞추면 멍울이 녹아내려
날빛이
서린 땅 위에
촉촉이 적셔줄까.

연평도 꽃게잡이

만선의 푸른 꿈이 파고에 휩쓸려서
경계를 넘나들며 가쁜 숨을 몰아쉰다,
떼 지어 밀려오는 오성기 생계를 위협하네.

쌍끌이 저인망은 시린 가슴 휘비고
후려친 그물망은 철책에 얼어붙어
빈 그물 겨우살이에 피 울음이 맺혀있다.

때아닌 돌개바람 가녀린 깃대 흔들고
출어를 통제하는 확성기가 아려온다,
등대는 영문 모르고 밤새도록 깜빡이고

허기진 파도가 달빛 별빛 삼키는 밤
제철 맞은 꽃게들이 설설 기며 야위어 가고
어창엔 성 다른 어류가 거품을 물고 있다.

자선냄비

당신의 시계추는
어디쯤 가고 있나

가는 길 더듬으니 안개 낀 미로이다,

거리엔 네온 빛 캐럴이
자선냄비 비켜 가고

거리의 구세군이
인파 틈 사이에서

허기진 자선냄비 참사랑을 외치는데

고독한 종소리만이
설한풍에 떨고 있다.

피뢰침

하늘 땅 접선하는 성미 급한 화마차
속도위반 예사롭고 무단횡단 다반사니
교통법
위반한 죄로
긴급히 체포한다.

비바람 천둥소리 매섭도록 몰아쳐도
예리한 혜안으로 시시비비 가리어서
벼락만
잡아 들이니
국민훈장 제격이다.

뙤약볕 눈보라도 개의치 않는 꿋꿋함
정상에 홀로 서서 늘 보고도 말이 없네
여린 듯
올곧은 기상
정의의 사도使徒로다.

천둥 번개

한 맺힌 하늘가에 태형 맞는 비명 소리
업보가 뭣이길래 저렇게 애통할까
곡소리
저민 가슴이
숯덩이가 되는구나.

타버린 속내를 구름 속에 감췄다가
숯불처럼 달아올라 제풀에 곤두박질
서러운
하소연인들
뉘라서 들어주나.

"내 탓이오, 내 탓이오." 자책의 탄식에
뜨거운 눈물 쏟고 가슴까지 비우니
하늘에
쌍무지개가
머리 위에 앉는다.

등나무

가녀린 줄기마다
버거운 청보랏빛

여린 손 얼기설기
똬리 틀고 주저앉아

땡볕에
시들한 민심
두 팔 벌려 품는다.

담쟁이의 꿈

하늘의 별을 따러
장벽을 오를 때면

바람도 붙잡는다, 무모한 도전이라고

촉수에 별빛 매달고
밀며 끌며 오른다.

혼자가 아니다
수천의 아린 가슴

어둠을 더듬는다, 별꽃을 품으려고

더불어 푸른 꿈을 향해
쉬임없이 오른다.

독도는 외롭지 않아

먼동이 밝아온다, 동해의 바위섬에
심해의 형제섬이 금물결로 출렁이고
한 가슴 푸른 호흡이 민족혼을 일깨운다.

한민족 기상으로 솟아오른 동도 서도
철새도 쉬어간다, 엄니 같은 바위섬에
귀부鬼斧도 형용치 못할 애틋함이 서려 있다.

동해의 외로운 섬 숱한 풍랑 견디더니
주름진 무량 세월 좌불坐佛처럼 참선하네
누군들 올곧은 절개 흔들 수가 있으랴.

강치의 피눈물이 달바위에 서려 있고
한으로 맺힌 멍울 동백으로 피어나네,
너울진 영겁의 세월 부딪히고 견디면서

바위틈 섬초롱꽃 눈을 감고 합장하면
상장군 호기롭게 군함바위 올라서서
반만년 무궁화 터전 만세토록 호령하리.

■ 평설

완숙을 지향하는 서정과 깨달음의 여정
-장금렬의 시조를 탐구하다

이석규[*]

1. 들어가며

 이상섭 교수는 문학을 정의하여 '잘 쓴 글'이라고 말한 바 있다. 참으로 정곡을 찌른 말이다. 시詩는 그중에서도 가장 짧게 쓰는 문학 형식이다. 짧다는 말에는, 하고 싶은 뜻을 마음껏 표현한다는 전제가 있다. 할 말을 못다 한 글이라면 그것은 잘 쓴 글이 될 수가 없기 때문이다. 그런데 할 말을 다 하면서도 짧게 쓰려면, 필요치 않은 말이 없어야 하고, 말의 효율을 극대화하여야 한다. 효율을 극대화한다는 말에는 함축적이어야 한다는 것과 필요한 곳에는 멋진 수사修辭가 들어가야 한다는 뜻이 포함된다. 짧은 글을 그

---

* 시조시인, 가천대학원장 역임, 가천대 국문과 석좌교수,
  시조생활시인협회 회장, (사)한국시조협회 이사장 역임

렇게 쓰기 위해서는 여러 가지 기법이 필요하다.

  시 중에서도 시조는 3장 6구 12소절이라는 짧은 형식으로 되어있기 때문에, 짓기가 더욱 어려울 수도 있다. 그래서 혹자는 시조를 '언어의 감옥'이라고도 한다. 그만큼 그 형식에 맞추면서 정제된 글을 쓰기가 어렵다는 뜻이다. 그러나 그런 만큼 깊은 천착을 통하여 창작되는 작품은 더욱 아름답고 가치가 있는 법이다. 사실 시조는 천여 년의 시간에 걸쳐 우리말에 아주 적합하도록 만들어진 이상적 시 형식이다. 그러므로 조금만 훈련이 되면 어렵지 않게 얼마든지 창작할 수 있다.

  장금열 시인은 국어국문학을 전공했고 중학교 교장을 지내시고 있는 분이다. 그러나 인생의 대부분을 국어교사로서 고등학생들에게 국어를 가르쳐 왔다. 그러므로 시조에 입문한 세월이 그리 오래되진 않았지만, 워낙 기초가 튼튼하고 시의 본질과 창작의 원리를 통달하고 있는 분이다. 따라서 시조집을 내기 전에 그의 시조를 읽으면서, 나도 모르는 사이에 빠져들어 탐독하게 되었다. 시조를 읽는 기쁨을 독자들에 앞서 크게 누렸다고 할 것이다.

2-1 어린 시절

    실개천 가로 질러
    바가지로 꿈 나르던

까까머리 고집불통 혹자或者는 베잠방이라

흙탕물 뒤범벅여도
꿈을 꺾진 못했어라.

앙팡진 이맛살에
거무레한 볼따구니

큰 별을 움큼 따서 훈장처럼 달고 싶어

천진한 곱슬머리 머스마
하늘 끝을 달린다.

<유년 시절> 전문

  어린 시절을 회고하는 형식으로 쓰인 이 시조를 보면 입가에 저절로 미소가 흐르게 된다. 주인공이 개구쟁이 시골 '머스마'였지만, 참으로 야무진 모습으로 나타나 있다. "실개천 가로질러/ 바가지로 꿈 나르던", "큰 별을 움큼 따서 훈장처럼 달고 싶어" 등 구절을 보라. 어린 가슴에 품고 있는 그 꿈들이 얼마나 크고 순수하며, 또한 얼마나 당차며 굳은 의지가 느껴지는가? 어느 구석에서도 어두운 그림자는 찾아볼 수가 없다. 그냥 귀엽고 꿈 많은 소년일 뿐이다.
  그러나 그의 어린 시절이 그렇게 쉽지만은 않았던 것 같다.

흑백의 자화상이 서리 맞은 나를 본다

비껴간 세월만큼 물상들이 낯설어도
　　서러운 그 옛것들이 그리움을 태운다

　　시공을 넘나드는 허기진 바람꽃이
　　툇마루 내려앉아 젖은 달빛 닦는다,
　　확돌에 담긴 모정은 식을 줄을 모르고
　　　　　　　　　　<달빛 젖은 그리움> 4수 중 3, 4수

　하늘에는 그윽한 달무리, 소쩍새가 애절히 우는 별밤이다. 시의 화자는 안개를 헤쳐 가며 기억 속의 어린 시절을 더듬듯이 그려낸다.(첫수) 앞산에 진달래가 불길처럼 번져 가는데, 한 편에서 흑백사진처럼 떠오르는 자신의 어린 날의 모습은 서리 맞은 듯 쉬워 보이지 않는다. '서러운 옛것들', '허기진 바람꽃', '흑백의 자화상'… 뭔가 가난하고 힘들어 보인다. 그러나 '확돌에 담긴' 식을 줄 모르는 '모정'은 언제나 한결같이 언덕이 되어 지켜주고 있었음을 알 수 있다. 다시 말하면, 시의 화자가 타고난 밝고 열정적인 기질과 함께 어머니의 다함 없는 깊은 사랑에 힘입어, 어려운 환경 속에서도 그렇게 당당하였음을 알 수 있다.

　어머니는 장 시인의 서정적 모티브다. 그분은 가난하고 힘들던 어린 시절의 하늘이셨다.

　　고단한 육신은
　　멍울마저 품어 안고

　　타다가 사위어도 바알간 숯불되어

영원히 이내 가슴에
 온기로 남아있네.

 이 시조는 <어머니>라는 제목으로 쓴 두 수로된 연시조의 둘째 수다. 생활을 이끄시느라 극도의 어려움 속에서도, 혈육이 눈에 밟혀 어머니는 눈물마저 마르셨다고 쓰고 있다. "바알간 숯불이 되어" 고단한 육신이 사위도록 보살펴 주신 어머니, "하늘가 북두성에 정화수 가득 붓고/ 밤마다/ 아들 바라기/ 뜬눈으로 지새우"시던 어머니, 혼신을 다하여 비할 데 없는 희생적 사랑을 베푸신 분이기에, 시인의 가슴에 영원한 '온기'로 남아있다고 고백한다.
 한편 아들은 아들 대로 어머니에 대한 정성이 끔찍하다

 생애 첫 품팔이로 황금 봉투 손에 쥐니
 가슴 벅찬 번민 속에 옷가게를 살 기세다
 어머님
 시린 가슴 덥히려
 꽃털옷을 챙긴다.

 첫 봉급을 타서 꽃털옷을 사 들고 집으로 향하는 완행열차는 왜 그리 느리던지, 꽃털옷이 좋다 한들 아들에 비할 수 있으며, 그리고 첫 봉급 받자마자 꽃털옷 사 들고 달려오는 아들의 사랑이 어머니만 하랴만, 그 어머니에 그 아들이 아닌가? 시의 화자에게는 하늘 아래에 이런 사랑이 있기에 어린 시절이 그리 그립고, 또 이 세상이 그토록 아름다운 것은 아니겠는가?

 어린 시절하면 어머니와 함께, 정답던 이웃과 평화로운 풍경의 고향이 떠오른다.

> 감나무 가지마다
> 별꽃들이 주렁주렁
>
> 담쟁인 돌담 위로
> 넘내리며 소곤소곤
>
> 언덕 위
> 푸른 종소리
> 문지방을 넘나든다
>
> <고향집> 전문

 아날로그 시대의 고향집의 정경이다. 자연과 사람이 조화를 이루어, 평화로운 여유가 느껴진다. 이 짧은 시조 한 편에 나무와 풀, 하늘의 별이나 조그만 언덕과 마을, 아늑한 집이 등장한다. 그리고 그 하나하나가 모두 살아서 움직인다. 존재의 의미를 실현하고 있는 현장이다, 그러니까 한가하고 넉넉한 가운데 모든 것이 생동하던 어린 시절, 그곳은 바로 시인의 실제 고향인 동시에 마음의 본향이요, 영원한 유토피아일 터이다.

> 노을진 오지독에 감칠맛이 술렁이면
> 허기진 동네 사람 하나둘 모여들어

대폿잔
　　비운 자리에
　　무용담이 돌고 도네.

　　　　　　　　　　<동동주> 세 수 중 둘째 수

　고향엔 단지 자연만 있는 것이 아니다. 사람들이 살고 있다. 언제나 정겹고 친근한 이웃들이 함께 사는 곳이다.
　농촌에는 겨울을 빼고는 정말로 많은 일이 쉬지 않고 이어진다. 따라서 철이 되면 사람들이 함께 모여 막걸리 한잔 기울이고 노랫가락을 부르면서 그 어려운 노동을 슬기롭게 감내해낸다. 참으로 힘들지만 그것을 즐겁고 멋지게 사는 우리네 농촌의 소중한 옛 모습들이다. 동네 사람들이 모여 막걸릿잔에 흥이 겨워 걸쭉한 농지거리를 하거나. 또는 육자배기를 뽑기도 한다. 가난해도 마음은 넉넉하며 서로가 정답다. 어쩌면 '한恨마저 절로 풀릴 정도다'(셋째 수), 선량하면서 순박한 고향 사람들의 여유로운 한때를 이미 지화하여 구수하게 그려내고 있는 절품이다.

2-2 가난과 인간의 부조리에 대하여

　　새벽별 꼬리 물고 여명이 다가서면
　　알람의 기상나팔 단잠을 일깨우고
　　고단한 시계추 소리 또 하루를 재촉하네.

뼈마디 들쑤심도 삽질로 외면하고
허기진 품삯의 목마름을 의식하니
탁배기 곁두리 한 잔도 버거움이 느껴지네.
<철 지나 피는 꽃> 4 수 중 1,2 수

　현실의 고통 중에서 가장 어렵고 기가 막히는 것은 가난에서 오는 고통이다. 장금렬 시인뿐 아니라 같은 시대를 살던 사람들은 대부분 가난과 그로 인한 고통을 경험한 사람들이다. 이 작품에서 시의 화자는 한 노동자의 생활을 통해서 그 가난과 고통과 그리고 슬픔을 고발하고 있다.
　"못 먹고 못 가르치는" 안타까운 가슴앓이에서 벗어나려고 새벽부터 고단한 몸을 이끌고 삽질하며 노동을 팔지만 턱도 없이 부족하다. 지쳐서 목마르고 허기진 상태에서 곁두리 탁배기 한 잔도 쉽지 않다. 강력한 현실 부정이다. 그러나 이렇게 현실을 신랄하게 고발하면서도 실질적인 대안은 생각조차 할 수 없다. 겨우 바랄 수 있는 것은 "이승에서 피지 못한 꽃 북망산에서 피어나길"(넷째 종장) 소망하는 것뿐이다. 현실을 부정하고 내세에 희망을 두는 것이 그리 건강한 것이 아니지만, 시의 화자는 과거의 우리 형편이 그랬고 지금도 보이지 않는 곳에서 어쩔 수 없이 희망을 꺾어버리는 사람들이 적지 않음을 일깨우고 싶은 것이다.
　시인은 그의 시조 <자선냄비>를 통하여서도, 크리스마스 시즌에 나타나는 비정한 현실을 비판하고 있다. 거리엔 캐럴과 네온사인이 함께 반짝이며, "허기진 자선냄비 참사랑을 외친다. 그러나 세상은 고통받는 사람들에 대하여 눈 하나 깜짝하지 않는다. "'고독한/ 종소리만이/ 설한풍에 떨고 있'을 뿐이다"(<자선냄비> 일부).

   먹이에 걸신들려
   아픔마저 잊은 듯

   발목 하나 살라 먹고 두리번 뒤뚱뒤뚱

   섬뜩한 느낌의 전율
   내 가슴이 시리다.
         <도회지 비둘기> 두 수 중 둘째 수

 이 시조는 또 다른 각도에서 인간성 상실의 현실을 고발한다. 여기서 외발로 뒤뚱대면서 먹이를 찾아 헤매는 비둘기는 안일과 탐욕을 좇는 인간의 아이콘이기도 하다. 자동차가 요란하게 경적을 울려대도 오불관언하고 오직 먹잇감만 탐닉한다. 그러한 탐욕이 한쪽 발목을 살라 먹었다고 시의 화자는 고발한다. 어찌 한쪽 발뿐이랴! 이 세상에서 존재의 의미도, 사는 이유도 없이 오직 먹잇감에 영혼을 빼앗긴 채 부지불식간에 스스로를 자해하는 현대인의 모습 그대로가 아닌가?. 인간성을 잃어버린 영혼들의 섬뜩한 삶의 모습에 시의 화자와 함께 가슴마저 서늘한 느낌이 든다.

   굽이진 내 마음은
   고단한 모래성

부서지면 또 쌓고 부서지면 또 쌓는다

갈매기 독한 외로움
날갯짓으로 털고 있다.

금빛 모래 넓은 벌에
햇무리로 내려앉아

한세월 맺혀있는 사연들을 쌓아놓고

알알이 바스러지는
사념들을 줍고 있다.
<내 마음은> 전문

 고단하게 살아온 시의 화자의 내면세계를 형상화하고 있다. 굽이굽이 살아온 인생길을 쉽게 부서지는 모래성 같다고 한다. 그러나 부서지면 다시 쌓고 또 부서지면 또다시 쌓는다. 마치 알베르 카뮈의 시시포스를 연상하게 한다. 그러나 시인은 카뮈보다는 훨씬 더 긍정적이고 의욕적이다, "그 독한 외로움을 날갯짓으로" 쉬지 않고 털어내고 있다. 나아가 둘째 수에서는 "한세월 맺혀 있는 사연들을 쌓아놓고, 알알이 바스러지는 사념들을 줍고 있다."라고 그 절망과 외로움 속에서도, 그것을 극복할 수 있는 사유를 관조하고 있는 것이다.
 고단한 삶, 끝없이 굽이진 인생, 그것을 극복해내는 긍정적인 인간 심리의 내면을 이미지화하고 있다.

> 화려한 유리 왕국 늘 푸른 협곡에
> 가도 가도 끝이 없고 멈춰보면 제자리네,
> 욕망은
> 방울꽃으로
> 피었다가 져버리고
> <수족관 물고기> 3 수 중 첫수

또한, 장시인은 수족관에 갇혀 사는 물고기를 바라보면서, 한계에 갇혀서 결코 벗어나지 못하는 인간을 생각한다. 아무리 지느러미를 휘저어도 수족관을 벗어날 수 없다. 안톤 슈나크의 '철창에 갇힌 호랑이의 앞발에서 느끼는 절망 같은 것, 또는 조그만 유리통에 갇혀 있는 수많은 영혼들이 그 속에서도 주식투자를 하고 있다는 어떤 신학자의 자조적인 비유처럼, 한계에 갇혀 참 지혜와 능력에 이르지 못하는 인간의 근원적인 아픔을 그리고 있다.

2-3 긍정 그리고 노력과 인내

그러나 이러한 인간의 한계에도 불구하고 이 세상은 살만한 곳이고, 인생은 살아볼 가치와 보람이 충분히 있다.

> 동살이 치뜨고 샛바람 헤살대니

> 손가락 마디마디 에인 사랑 움이 돋네
> 산고産苦도 성장의 진통 생명의 불씨여라.
>
> (<더불어 피는 꽃> 4수 중 첫수)

"산고産苦도 성장의 진통이고 생명의 불씨"란다. "소담한 꽃 한 송이도 절로 피지 않는다."(둘째 수)고 한다. 모두 함께 손을 잡고 나아가면, 설혹 서리가 내려도 국화꽃이 꼿꼿이 머리를 세우고 향기를 품어내듯, 계절을 뛰어넘어 삶의 아름다운 성취를 이룰 수 있다. 그것이 그가 세상을 대하는 태도요 가치관이다.

> 여독을 풀지 못해 별도 달도 시들한 밤
> 미명을 가르고 온 십자가 종소리에
> 체온이
> 덥힌 이부자리
> 아쉬움을 떨쳐낸다.
>
> 여명이 흥에 겨워 창문을 두들기면
> 살가운 손놀림에 밀알이 꿈틀대고
> 샛바람
> 지평을 빗질하며
> 부푼 꿈을 심는다.
>
> <여명> 3수 중 1, 2수

인생은 늘 쉽지가 않다. 자신을 이겨내는 인고의 노력이 반드시 필요하다. 그러나 세상은 그리 어둡지만은 않다. "여독을 풀지 못해 별도 달도 시들"하지만, '십자가 종소리에' 따뜻한 이부자리를 떨쳐낸다. 그러면 여명이 흥에 겨워 창문을 두드리고 새로운 꿈이 부풀어 솟아난다. 대지에 이는 한 줌의 아지랑이는 어머니 품처럼 따뜻하고 나무의 검붉은 살갗을 맑은 햇살이 풍금 치듯 다독이니 연초록 잎사귀가 쫑긋쫑긋 여기저기서 고개를 든단다(셋째 수).

　아무리 힘들고 피곤해도 마음을 다시 먹고 눈을 크게 뜨고 다시 바라보니 삼라만상이 생동하듯 물결친다. 이 세상이 바로 별유천지비인간別有天地非人間이요, 천상天上이 따로 없다. 세상을 긍정적으로 바라보는 시인의 건강한 마음 앞에서는 고난도 오히려 축복이다.

3-1 자연 사랑

　　산허리 돌고 돌아
　　주름진 바윗골에

　　골바람 골부림에 가지 끝 쓰러려도

　　산수유 노오란 눈짓
　　지나칠 수 있으랴.
　　　　　　　　　　　　　　<봄이 오는 길목에서> 둘째 수

　시를 창작함에 가장 중요한 능력 중의 하나가 관찰력이다. 내면이나 속에 감춰진 것까지 살피는 능력은 통찰력이

다. 그것으로 남들이 보지 못하는 것을 보고 듣지 못하는 것을 듣는다. 또 하나 중요한 것은 그다음을 그려내는 상상력이다. 게다가 그것을 구체화하는 언어적 센스까지 있다면 시인으로서는 더 바랄 것이 없을 것이다. 장금렬은 이러한 능력을 두루 갖춘 시인으로 보인다.

    중장에서는 이미 초봄이 되었는데도 골바람이 꽃샘추위를 부추기며 몽니를 부린다. 그 차가운 바람 속에서도 산수유 새잎은 껍질을 헤치고 나와 노오란 눈짓을 보낸다. 모든 것이 의인이고 은유지만, 더욱 중요한 것은 무엇을 무엇으로 비유하느냐다. 참으로 언어 감각이 일품이다.

    덩굴손 줄기마다
    요염한 여신들이

    룸바춤을 추면서 간질이듯 속살댄다,

    풀벌레 합주소리에
    여름밤은 깊어가고
                                 <여름밤의 연가> 둘째 수

   여름밤 조롱박 줄기들이 천부의 생명력으로 세포마다 간질간질 생동하며 손가락을 뻗어간다. 구름이, 초승달이, 실바람이 풀벌레가… 다 함께 하나가 되어 저마다의 생명력을 구가하는 하늘의 섭리가 밤이 새도록 향연처럼 펼쳐진다. 낭만적이면서도 만물이 생동하는 여름밤의 이미지

가 새로운 모습을 띠고 드러난다.

> 눈 시린 하늘가에 떠도는 새털구름
> 호숫가에 서성이며 행인들을 낚고 있다
> 들국화
> 꽃대궁 흔들며
> 사근사근 유혹하네.
>
> - 중략 -
>
> 석양의 타는 노을 가지마다 입 맞추며
> 선홍빛 수줍음에 눈시울을 붉히더니
> 멧부리
> 마루터기에
> 둥근 달을 매단다.
>
> <매혹의 계절> 1, 3수

새털구름이 떠도는 하늘과 그것을 얼비치는 호수, 가을이 익어간다. 그 속에서 들국화가 행인들을 유혹하는 모습이 일품이다. 맑고 투명한 가을빛 속에 어느덧 기울어진 해를 따라 반쯤 낙엽 진 가지 사이로 선홍빛 노을이 아름다운데 산등성이로 둥근달이 그림처럼 떠오른다. 맑은 하늘, 호숫가, 가을은 갖은 재주 풀어놓듯이 노을로, 둥근 달로 행락객들을 매료시킨다. 구절마다 섬세하고 치밀하다. 공감을 불러일으키기에 충분하고도 남는다. 비유적 이미지가 빛나고 있다.

내 마음 시리도록

첫눈이 내리네,

잡다한 생각마저 하얗게 지우면서

시간을 되새김질하며
새록새록 내린다.

유년의 눈꽃송이
어둠을 빗질하네,

가슴에 서려 있는 추억을 덧칠하며

해맑은 벗들 얼굴이
함박꽃으로 내린다.

<첫눈이 내리면> 전문

　첫눈의 빛과 잡다한 생각을 지워내는 하얀빛이 감각의 공간을 넘어 매우 적절하게 조화를 이루고 있다. 눈꽃송이들이 떨어져 내리는 눈발과 머리를 빗는 빗질 그리고 어둠을 가르고 떨어지는 모습들이 기발하면서도 잘 어울린다. 함박눈이 함박꽃 같은 웃음을 띤 어린 시절의 벗들로 이어진다. 풍부한 감정 속에 깃들여 있는 안개 같은 추상적 개념을 예리하게 포착해서 다양한 실가지들로 영상화하고 있다. 이미지가 신선하고 탁월하다.

3-2 심미감 그리고 이미지

> 칠삭둥이 상현달 숲길 따라 오더니만
> 수줍어 손사랜가 노여워 핏빛인가
> 무서리
> 핥고 간 자리
> 붉은 마음 더 붉더라.

이 시조는 세 수로 된 연시조 <단풍 숲길 거닐며>의 첫 수다. 시조 전체가 붉게 물든 단풍 숲의 아름다움을 다양한 비유로 그려내고 있다. 상현달이 꽉 찬 달은 아니지만, 물색은 밝고 강하다. 그 달이 동네 총각처럼 따라온다. 그것이 수줍어서인지 노여워서인지 모른다. 수줍든 노엽든 아무튼 얼굴은 붉어지기 마련이다. 그러나 그것만으로는 빨갛게 물든 단풍 숲의 아름다움을 표현하기에는 역부족이다. 또 하나의 미디어가 끼어든다. 무서리다. 무서리가 핥고 가니 그 전부터 달아오른 붉은 마음(얼굴)이 더 붉어졌단다. 종장의 강조법이 압권이다.

비유의 놀라운 발상과 세련된 언어의 운용이 만들어낸 심미적 감각을 극대화한 절창이다.

> 망망한 바위섬에 산사의 범종 소리
> 어둠의 옷자락을 한 꺼풀씩 벗겨내면
> 내 마음
> 섬 사이에서
> 안개꽃이 피어난다.

세 수로 된 연시조 <향일암의 여정>의 첫수이다.

망망한 대해를 내려다보는 산사, 범종소리에 어둠이 벗겨지고 있다. 그것은 인간 내면의 밝음을 가로막는 어둠일 수도 있다. 새벽이 다가올수록 사색도 깊어진다. 그리하여 마음의 어둠이 한 꺼풀 한 꺼풀 벗겨지면서 섬들이 모습을 드러내고, 그 사이로 안개꽃이 피어오른다. 아마도 관조觀照를 지나 깊은 침잠沈潛의 세계에서 내면의 향일암과 그 앞 바다를 그려내고 있음이다. 물론 실제의 향일암일 수도 있다. 그러나 무엇이 문제인가? 그냥 언어예술의 아름다움에 빠져들 뿐이다.

> 비바람 천둥소리 매섭도록 몰아쳐도
> 예리한 혜안으로 시시비비 가리어서
> 벼락만
> 잡아 들이니
> 국민훈장 제격이다.
>
> 뙤약볕 눈보라도 개의치 않는 꿋꿋함
> 정상에 홀로 서서 늘 보고도 말이 없네
> 여린 듯
> 올곧은 기상
> 정의의 사도使徒로다.

세 수로 된 연시조 <피뢰침>의 둘째, 셋째 수이다. 이 작품은 이미지도 뛰어나지만, 무엇보다도 예리한 관찰력과 분별력으로 피뢰침의 특성을 정확히 포착하고, 그것을 언어화했다는 점이 뛰어나다. 시적 언어사용의 이상적인 효용은 함축성도 중요하지만 그에 앞서 정확한 의미전달, 탁월한 이미지전달이 중요한 것이다.

4-1 문화사랑

　참으로 아름다운 우리의 자연 속에 깃을 들이고 수천 년을 살아온 우리 민족은, 바르고 정겨운 인심으로 한데 어울려서, 세계 어느 나라에서도 볼 수 없는 독특하고 수준 높은 문화를 창출해 왔다.
　사람이 모인 곳마다 물산이 쌓이는 곳마다, 풍족하진 못해도 언제나 훈훈한 인심으로 정겹고 넉넉하던 것이 원래 우리네 생활 모습이었다.

　　　숨 가쁜 털털 버스 가슴을 풀어헤치면
　　　풀꽃 같은 사투리 향기로운 사람 냄새
　　　안개 낀 장터 마당에 벅적벅적 장이 선다.

　　　괴나리 이고 지고 값진 건 없다지만
　　　자식처럼 키운 곡물 무게만큼 정겨웁다,
　　　아낙네 함박지에서 봄바람이 일어나고

　　　각설이 육자배기 춤사위로 흥이 일고
　　　풍물들이 난장을 어지럽게 들썩이면
　　　만물상 시골 장터에 흥정으로 인심난다.

이 시조 <닷새마다 피는 인심>은 모두 6수로 되어있는 비교적 긴 연시조이다. 지면의 한계로 다 싣지 못하고, 2, 3, 4의 세 수만 실었는데 이어지는 말본새가 구수하고 거침이 없다. 마치 고전소설이나 판소리 또는 탈춤가사처럼 투박하면서도 활달하기 그지없다. 그야말로 달변을 쏟아내는 장 시인의 입심이 대단하다.

엔진이 약해 털털거리기도 숨이 찬 버스에서 사람들이 내린다. 예서제서 각 지방의 사투리들이 시끌벅적하게 들려온다. 사람 냄새, 사람 사는 냄새가 풍기는 시골 장마당이다. 그 속에서 각기 정성껏 키운 물산들을 쏟아놓고 사고 팔고 사람을 불러 모으느라 난장이 시끌벅적하다. 게다가 한편에서는 각설이 육자배기 춤사위로 신이 난다.

허기진 살림살이 탁배기로 채우고
굿거리로 장단 맞춰 휘모리로 몰아가서
덩더꿍
어깨춤 추며
신명 나게 놀아보세.

골 깊은 밭두렁에 뼈 묻을 사람들아
아등바등 살지 말고 상쇠 따라 길을 닦아
한세상
쾌지나칭칭
원 없이 살다가세.
<풍물굿> 3 수 중 2, 3 수

풍물굿은 우리 백성들의 정서의 원천인, 유교 사상과 샤머니즘이 복합적으로 생활화된 세시풍속의 하나다. 정월 보름이나 한가위 때 깃발, 꽹과리와 함께 장구치고 북, 징과 소고치는 사람들로 이루어진 굿패들에 의하여 이루어진다. 서낭당을 돌고 하던 것을 보면 풍년과 마을의 복을 비는 제례의 의미도 있었던 것 같다.

첫수가 "빙글빙글 도는 세상 열두 발 상모 쓰고/ 골머리/ 아픈 사연은/ 논두렁에 버리세"로 시작하는 이 시조는, 가난하고 고달픈 인생이지만 아등바등 살지 말자는 것이다. 모든 것을 수용하고서, 탁배기 한 잔 걸치고 신명 나게 놀아보자는 것이다. 고달픔 속에서도 원 없이 살다 가고 싶은 백성들의 조그만 소망을 소박하게 잘 드러내고 있다.

이상 두 편의 시조는 고시조나 탈춤가사처럼 흐드러지게 읊어대는 말의 잔치요, 조자룡이 이화창 쓰듯 번쩍이는 필력의 조화다. 대단한 필력과 언어 운용 능력을 보여주고 있다.

4-2 애국충정

장금렬 시인은 나라를 사랑하고 걱정하는 시조를 많이 썼다.

음양陰陽을 아우르니

태극혼이 꿈틀댄다.

순백의 오방五方치마
화심은 불이 붙고

그 생명
무궁하여라,
피고 지고 또 피고….

<무궁화> 전문

    무궁화의 의미와 꽃에 깃든 민족정신을 멋지게 표현하고 있다. 음과 양 푸른색과 붉은색이 어우러져 보랏빛을 띠며 평화와 정의를 사랑하는 민족성과 또한 충성과 절개를 소중히 여기는 민족혼이 스며있는 꽃이다. 꽃잎은 꽃술을 중심으로 다섯 방향으로 치마처럼 퍼져 있으며 중심으로 갈수록 더욱 붉어지는 무궁화의 모양을 잘도 표현하고 있다. 무궁화는 다른 어떤 꽃보다 더욱 생명력이 강하여, 꽃이 피고 지고, 지면서 또 피어난다. 이 시조는 무한히 번영하고 이어나갈 우리 민족의 영광된 미래를 상징하는 국화國花로서의 의미를 잘 담고 있다. 또한, 무궁화를 통하여 이 나라의 미래가 번영, 융성하기를 바라는 충정이 절절하다.

만선의 푸른 꿈이 파고에 휩쓸려서
경계를 넘나들며 가쁜 숨을 몰아쉰다,
떼 지어 밀려오는 오성기 생계를 위협하네.

쌍끌이 저인망은 시린 가슴 휘비고
후려친 그물망은 철책에 얼어붙어
빈 그물 겨우살이에 피울음이 맺혀있다.
<연평도 꽃게잡이> 4수 중 1, 2수

모든 어선이 출어할 때는 노상 만선의 꿈을 안고 나아간다. 그러나 우리 서해에는 해역이 남북으로 갈라져 있고 게다가 중국 어선들이 수도 없이 몰려들어 꽃게 철인데도 꽃게를 수확하기가 참으로 어렵다. 그러잖아도 좁은 바다에 바람과 물결조차 거센데 꽃게는 점점 줄어들고 출어를 통제하는 확성기 소리는 귀가 먹먹하도록 들려온다. 이런 형편에 "등대는 영문도 모르고 밤새도록 깜빡이고"(셋째 수 종장) 있다는 표현이 참으로 아이러니하고도 안쓰럽다. 정치적으로, 국제적으로 어려운 여건 속에서 고생하는 어민들의 고충을 사실적으로 그리고 있다.

동해의 외로운 섬 숱한 풍랑 견디더니
주름진 무량 세월 좌불坐佛처럼 참선하네
누군들 올곧은 절개 흔들 수가 있으랴.

강치의 피눈물이 달바위에 서려 있고
한으로 맺힌 멍울 동백으로 피어나네,
너울진 영겁의 세월 부딪히고 견디면서
<독도는 외롭지 않아> 5수 중 3, 4수

동쪽 멀리 훌쩍 떨어져 외로움을 살고 있는 우리 국토의

막내인 독도를 의인화하고 있다. 그 외로운 모습과 그 속에서 작고 어리지만 굳은 절개로 어려움을 홀로 견디고 있는 독도의 모습을 잘 그려내고 있다. 영겁을 이어나갈 우리의 막내에 대한 애끊는 사랑과 이를 통하여 용솟음치는 민족혼, 애국의 충정을 정겨우면서도 장엄하게 그려내고 있는 걸작이다.

   장금렬 시인의 충정어린 애국시조는 이 밖에도 많이 있다.

5-1 인생관

    민낯이 부끄러워
    자꾸만 치장터니

    찬바람 후비는데 옷가지는 왜 벗을까

    붉그락 몽니부리더니
    울화병이 도진 게냐

    사각대는 발소리에
    찜찍 늘다 밈춰보니

    어느새 팔다리에 상고대가 앉아 있네

    찻잔에 추억 한 줌 얹어

> 무상 세월 돌아본다.
> <숲길 따라 걷다 보면> 전문

　더우면 벗고 추우면 입는 것이 인지상정인데 나무는 그 반대라는 것에 대한 발견이 이 시조의 모티브가 된다. 그리고 추워도 벗을 수밖에 없는 것이 인생이라는 것임을 자각한다. 젊어서는 온갖 치장을 다 하고, 가을이면 얼굴이 붉어지도록 몽니도 부려본다. 그러나 낙엽 또는 눈이 쌓여 사각대는 발소리에 쳐다보니 어느새 머리에는 백발이 앉아 있더란다. 어쩌면 인생은 겨울로 가는 여정이다. 세월의 빠름과 인생무상에 대한 허무감의 표출이다.

> 이순耳順의 만감을 여울물에 비춰보고
> 춤추는 물결 따라 사진첩을 펼쳐보면
> 여름밤
> 꼬리별 족적이
> 지난 세월 흔적이네.
> <이순耳順 즈음에> 3수 중 셋째 수

　세월이 지나면 인간은 누구나 늙는다. 이 작품에서는 세월의 빠름과 인생무상에 대하여 더욱 감각적 현실감을 표출하고 있다. 지난날은 되돌아보면 인생이란 한마디로 "여름밤 꼬리별의 족적"처럼 일순에 사라져버려, 흔적조차 찾을 수 없는 것임을 시의 화자와 함께 통감하게 된다. 또한, 신선한 비유의 적절한 아름다움에도 깊이 공감하게 된다.

> 서리꽃 앉은 자리
> 달빛 연서戀書 쌓여가고
>
> 뒤안길 흔적마다
> 묵향墨香이 스몄구나
>
> 인생도
> 놀빛 향기 속에
> 연시처럼 익어간다.
>
> <바람꽃이 흐른다> 둘째 수

　서리 내린 가을밤에 달빛이 쌓인다. 고즈넉하지만 낭만이 흐른다. 굽이굽이 뒤안길을 더듬어 살아온 인생이 반조返照처럼 빛나는 노을, 노을의 향기 속, 그것이 시의 화자가 처한 현주소다. 그 속에서 연시가 익듯이 완숙을 지향하고 있다.

　앞에서 언급했듯이 인생은 무상하고 속절없다. 흔적도 남는 것도 없다. 그러나 그의 사유는 거기에서 끝나지 않는다.

> 한세상 해야 할 일 신바람이 일어나면
> 연극이 막 내려도 진한 여운 남듯이
> 한 슘결
> 하는 일마다
> 꽃바람이 불어온다.
>
> <노을꽃> 3수 중 첫수

그의 작품은 인생무상과 속절없음을 나타내긴 하지만, 그로 하여 한탄하고 비관하는 모습은 찾아볼 수가 없다. 한 세상 사는 동안 사명이 있고, 사명이 있으면 신바람이 난다고 한다. "연극이 막을 내려도 진한 여운이 남"고, 숨결이 있는 동안에 "하는 일마다 꽃바람이 불어온다."라고 한다. 그의 시조는 생명까지 포함한 모든 집착과 절망을 내려놓고 인생 빛나는 가치를 긍정하는 도道의 경지를 지향하고 있음을 보여준다. 이러한 당차고 마음속 깊은 곳으로부터 익어가는 그의 정신적 질료는 앞에서 언급한 <유년시절>에서 그 싹수를 익히 살핀 바 있다

5-2 자기 수양과 수행

장금렬 시인은 국어국문학을 전공한 학도인 동시에 중학교 교장직을 수행하고 있지만, 평생을 청년들에게 국어를 교육한 국어교사다. 그런데 정말로 놀라운 사실은 소프트테니스의 한국대표 선수권을 육순이 되도록 간직하고 있었다는 사실이다. 어떻게 그런 일 가능할까? 쉽게 납득이 가지 않는다. 그러나 그의 역작 <소프트 테니스> 1, 2, 3, 4, 5 다섯 편의 시조를 보면 비로소 이해할 수 있게 된다.

으이싸! 기합 소리 지축을 흔들고
일구 일구 꿈을 실어 지략을 펼친다

세상사
허기진 욕망을
불사르듯 태운다.

적절한 힘 배합 맥을 짚는 기 싸움
입사각 뒤틀림에 변화무쌍 춤을 춘다
눈빛엔
불꽃이 일고
청춘이 꿈틀댄다.
<소프트 테니스 3> 세 수 중 1, 2 수

"더불어 춤추는 백구白球"라는 부제를 가진 이 작품은, 보다 젊은 열정이 모든 것을 압도하고 있다. 그러나 자세히 보면 거기에서 그치지 않음을 알게 된다. 첫수에 이미 온갖 기氣와 꿈과 지략智略을 집중한다. 그곳에는 욕망이나 집착이 껴들 공간이 없다. 오히려 세상에 "허기진 욕망을/ 불사르듯 태운다." 이보다 더한 자기 수련과 수양이 어디 더 있으랴!

물레가 돌아간다, 달빛 싣고 별빛 담아
가슴마다 쏟아지는 절규 소리 뒤로한 채
오늘도
비우고 또 비운다,
소박한 연정 품고
<인생도 물레처럼> 3수 중 둘째 수

이 작품에서 보듯이, 물레처럼 돌고 도는 인생 속에서 멈

출 줄 모르고 끊임없이 비워 낸다. 집착을 비우고 욕망을 비우고 나아가 자아까지 비우겠다는 마음은 이미 일상생활에까지 스며들어 실제로 수행을 진행하고 있음을 보여준다.

    도장은 돌탑이라,
    사단四端의 덕을 쌓는

    더불어 흘린 땀이 산삼에 비길손가

    비움은 샘물이 되어
    갈증을 씻으리라

    승부의 집착은 인의仁義를 해치고

    베풂은 덕을 쌓고 화합을 낳는다

    이것이 지상의 무념무상
    행복이 아니더냐
                                             <소프트 테니스 1> 전문

  소프트테니스 경기를 통하여 터득한 인생의 지혜를 하나하나 보여준다. 소프트테니스의 경기 속에 인생이 있고, 우주의 속성을 그대로 갖추고 있다. 또한, 그 속에서 발현되는 사유를 구체적으로 형상화하고 있다.
  도장道場은 사단四端의 덕을 쌓는 돌탑이란다. 사단이란

맹자가 처음 말하고 주자가 체계화하여 성리학의 근간을 이루게 된 인간의 덕에 대한 개념이다. 곧 인仁, 의義, 예禮, 지智를 가리킨다.

그러니까 도장은 사단의 덕을 쌓는 곳이며, 사단은 자아를 비움으로써 도달하는 경지다. 소프트테니스는 육신을 건강하게 함에 산삼보다 훨씬 낫지만, 그보다 더욱 중요한 것은 마음을 비우고 인의예지를 쌓는 일이라는 것이다.

둘째 수는, 경기 중에 갖는 마음가짐, 곧 집착을 버리고 인의를 쌓으며 베풀고 덕을 쌓아 화합을 이루어야 함을 가리킨다. 곧 화기치상和氣致祥 경지를 보여준다. 그리하여 마침내 마음을 완전히 비움으로써 비로소 무념무상無念無想의 경지에 도달하여 진정한 행복에 이른다는 것이다.

소프트테니스를 이렇게 높은 도의 경지에까지 해석한 사람은 생각건대 전무후무할 것이다. 그러나 그것이 바로 시인 장금렬이 대한민국의 대표가 되도록 마음속에 깊이 간직하고 임한 소프트테니스를 통한 철학이요 의지요 자기 수련의 구체적 모습이다. 놀라울 뿐이다.

6. 마무리

장금렬 시인이 시조를 쓴 세월은 짧지만 많은 자질을 갖추고 있다. 시조에 대한 의욕과 열정은 물론이고 시인으로서 갖추어야 할 인생과 사물에 대한 통찰력, 상상력 그리고 풍부한 어휘력과 언어적 감각이 그것이다. 특히 심미적 감수성과 매사에 긍정적이면서 정신의 깊이를 끊임없이 천착하는 자세가 뛰어나다.

    인생의 본질적인 문제들을 깊이 이해하고 있으며, 그것을 수련으로 체득하며 실천하고자 한다. 모든 면에서 시인으로서, 인간으로서의 가치관과 인생관이 건강하게 정립되어 있다.

    더구나 시조에 대한 열정이 남다르다. 앞으로 언어를 아끼면서 꾸준히 매진한다면 큰 업적을 이룰 것으로 확신한다. 아울러 시조계의 발전에도 크게 기여할 것을 기대한다.